07. YOLO PROJECT

TOKYO

두근두근 도쿄

21세기북스

CONTENTS

004   PROLOGUE

006   PERSONAL DATA

007   PURPOSE OF TRAVEL

008   INTRO : All about TOKYO _ 도쿄 정복!
- 010   TOKYO MAP
- 012   All about TOKYO

020   INFO : 도쿄, 완전정복! 꼭 알아야 할 BEST 6
- 022   1 _ 도쿄 여행, 계획해볼까?
- 024   2 _ 공항에서 시내까지!
- 026   3 _ 도쿄 지하철 완전정복!
- 028   4 _ 도쿄 교통패스
- 030   5 _ 도쿄 렌터카 완전정복!
- 032   6 _ 면세점 똑똑하게 이용하는 방법

036   TRAVEL PACKING LIST

037   CHECK LIST

038 PART 1 : 일상을 벗어나는 도심 속 휴식 공간, 도쿄 공원
040   ESSAY _ 빌딩 숲 안의 진짜 숲

048 PART 2 : 다채로운 책의 향연, 도쿄 서점
050   ESSAY _ 도쿄인의 책 사랑을 느끼고 싶다면

058 PART 3 : 아는 만큼 보인다! 도쿄 미술관과 박물관
060   ESSAY _ 도쿄를 이해하려면 반드시 들러야 할 곳

068 PART 4 : 어머, 이건 꼭 먹어야 해! 도쿄 맛집 탐방
070   ESSAY _ 어느 식당을 들어가도 다 맛있다!

080 PART 5 : 눈에 보이는 건 다 사고 싶은, 도쿄 쇼핑
082   ESSAY _ 텅 빈 캐리어를 가득 채우게 만드는 쇼핑 천국

부록
184   호텔 용어
       여행자를 위한 영어회화 _ 호텔편
185   도쿄의 축제
186   CONTACT LIST
187   COUPON

PROLOGUE

이 비탈길을 올라갈 때 뒤돌아보면 그곳에 도쿄 타워가 보인다.
언제나. 바로 정면에. 밤의 도쿄 타워는 온화한 불빛으로 빙 둘러져,
그 자체가 빛을 발하고 있는 것처럼 보인다.
곧은 몸으로, 밤하늘을 향해 '우뚝' 서서.

일본을 대표하는 작가 에쿠니 가오리의 <도쿄 타워> 중 한 대목이다.
스무 살 남자와 마흔 살 여자의 사랑을 그린 작가는
집필 시작부터 도쿄 타워가 바라보는
도쿄 소년들에 대한 이야기를 쓸 계획이었다고 한다.
도쿄 타워를 도쿄의 상징이자
함께 살아가는 존재로 여기기에 가능한 생각이다.

그만큼 도쿄 타워는 도쿄 사람들의 삶과 가깝다.
미래의 도시이면서 아름다운 벚꽃이 휘날리는 봄의 도시 도쿄.
복잡하게 얽힌 지하철 노선처럼
분주하고 다양한 색을 가진 사람들이 사는 도쿄.
반대로 몇 백 년의 역사를 지키며
느리게 살아가는 사람들이 있는 도쿄.
모두 도쿄의 모습이다. 그 여러 모습의 중심에 도쿄 타워가 있다.

빠르게 지나가는 유행을 따르기에도,
한 곳에서 오래 담아낸 역사를 느끼기에도 도쿄는 언제나 옳다.
새로움과 익숙함이 공존하는 도쿄는 몇 번을 반복해서 가도 새롭고,
한편으로 친근한 여행지다.

오래 머물며 즐길수록 더욱 좋은 도쿄.
살아보듯 천천히, 깊게 즐겨라.

PERSONAL DATA

NAME	MALE ☐ FEMALE ☐
NATIONALITY	
PASSPORT NO.	
E-MAIL	
MOBILE PHONE	
ADDRESS	

PURPOSE OF TRAVEL
여행을 통해 얻고 싶은 목표들을 메모해보세요

INTRO
도쿄 정복!

All about

TOKYO MAP

MY SCHEDULE

DATE   PLACE

네리마 구

나카노 구

스기나미 구

세타가야 구

09:00 AM
TOKYO
JAPAN

09:00 PM
REPUBLIC OF
KOREA

All about

TOKYO

● 일본 최대 도시이자 수도인 도쿄는 일본의 과거부터 현재를 모두 볼 수 있는 매력적인 곳이다. 한마디로 일본의 모든 것을 압축해 놓은 도시인 셈이다. 아사쿠사에서는 옛에도 시대 모습을, 하라주쿠에서는 개성 있는 옷과 액세서리를 볼 수 있다. 도쿄의 상징인 빨간 도쿄 타워와 알록달록한 레인보우 브리지는 대표적인 야경 포인트이며, 긴자와 롯폰기는 세련된 도쿄의 모습을 보여준다. 한 번도 안 간 사람은 있어도 한 번만 간 사람은 없다고 할 정도로 늘 새로운 모습으로 반기는 곳이 바로 도쿄다.

도쿄가 여행객의 마음을 사로잡는 데에는 다채로운 문화를 한 곳에서 즐길 수 있다는 점, 세련되고 개성 넘치는 상점이 많다는 등의 이유가 있다. 더불어 일본을 대표하는 음식인 와규나 스시, 라멘은 물론이고 커피, 맥주 등의 음료까지 모두 맛이 좋다. 저렴한 맛집부터 미슐랭이 선택한 레스토랑까지 균일한 맛과 서비스로 여행객을 만족시키는 것 또한 매력 포인트로 작용한다.

우리나라에서는 도쿄행 비행기가 많아 한때 주말에만 잠깐 갔다 오는 도깨비 여행이 유행할 정도였다. 여전히 주말이면 1박 2일로 도쿄를 찾는 도쿄 러버들도 많다. 그러나 도쿄는 가면 갈수록, 오래 머물면 머물수록 그 진가를 알 수 있는 도시다. 구석구석 골목마다 다른 풍광을 간직한 도쿄로 떠나보자.

1

도쿄를 대표하는 풍경을 간직한

신주쿠 구&시부야 구
Shinjuku&Sibuya

여러 갈래로 갈라진 교차로를 무수히 많은 사람이 건너는 모습은 단연 도쿄를 대표하는 이미지다. 바로 시부야의 교차로 풍경! 세련된 다이칸야마도 시부야의 모습 중 하나다. 시부야와 가까이 있는 신주쿠 역시 도쿄를 찾는 모든 여행객이 거쳐 가는 곳이다. 도쿄를 상징하는 신주쿠와 시부야에는 세련된 백화점이 즐비하고 밤낮 사람들로 붐빈다. 두 지역은 도심과 교외를 잇는다는 것과 핫한 젊은이들을 만날 수 있다는 공통점도 가진다.

POINT

1
신주쿠를 상징하는 건물, 도쿄 도청
(Tokyo Metropolitan Government Building)

항상 많은 사람들로 붐비는 도쿄 도청은 관공서의 기능을 하지만, 여행객에게는 전망대로 더 잘 알려진 곳이다. 남쪽과 북쪽 타워에 각각 전망대가 있으며, 날씨가 좋으면 낮에는 요코하마와 후지산까지 볼 수 있다. 밤에는 반짝이는 도쿄 시내를 한눈에 볼 수 있고 무료로 운영되고 있어 늘 인기가 많다. 45층 전망대까지 55초 만에 올라가는 초고속 엘리베이터 역시 명물. 23시까지 개방하는 북쪽 전망대에서 바라보는 신주쿠 야경이 특히 아름다우니 여행 중 하루를 이곳에서 마무리하는 것도 좋다.

2
시부야의 랜드마크, 시부야 모디
(Sibuya MODI)

시부야의 랜드마크 격인 시부야 마루이 시티가 리뉴얼 되면서 시부야 모디로 돌아왔다. 모디는 단순한 쇼핑몰이 아니라 어른들의 놀이터를 지향한다. 호기심 가득한 어른들의 마음을 사로잡기 위해 쇼핑뿐만 아니라 음식, 음악, 오락, 여행, 문화 등을 한자리에 모아 라이프 스타일 쇼핑 공간으로 만들었다. 특히 어디서나 만날 수 있는 브랜드가 아닌 일본 문화를 물씬 느낄 수 있는 브랜드로 꾸려졌으니 이곳에서 특별한 기념품 쇼핑을 해도 좋다.

2

애니메이션과 전통시장을 느끼고 싶다면

지요다 구&주오 구
Chiyoda&Chuou

덕후들의 성지인 아키하바라가 있는 지요다 구와 세련된 쇼핑의 메카 긴자, 새벽부터 긴 줄을 서야만 맛볼 수 있는 신선한 스시를 판매하는 츠키지 시장이 자리한 주오 구는 여행객이라면 한 번쯤 들르게 되는 필수 여행 코스이다. 특히 아키하바라는 전자제품이 저렴한 것은 물론 다양한 일본 캐릭터 상품을 구매할 수 있고 코스프레 카페 등이 있어 일본 애니메이션을 좋아하는 사람이라면 꼭 가고 싶은 장소 중 한 곳이다. 세련되고 유명한 건축가를 앞세워 서로 경쟁하듯 전 세계의 명품 매장이 들어선 긴자도 여행객의 발길을 붙잡기 충분하다.

! POINT

1
아키하바라(Akihabara)에서 추억의 애니메이션 피규어, 플라모델 구매하기

이제 애니메이션이 어린이들만의 전유물이 아니라는 것은 자명한 사실. 밤 새워 보았던 원피스는 물론 추억의 만화 에반게리온, 꾸준하게 인기 있는 건담까지. 다양한 크기의 플라모델과 피규어를 한자리에서 볼 수 있는 곳이 바로 아키하바라다. 이곳에서 추억의 애니메이션 속 피규어 하나를 구매해보고 즐거웠던 기억을 되새겨 보는 것은 어떨까.

2
옛 모습이 사라지기 전에 가자!
츠키지 시장(Tsukiji Fish Market)

하루 2,000톤 이상의 해산물이 거래되는 일본 최대 수산시장, 츠키지에서는 어시장의 매력을 한껏 느낄 수 있다. 츠키지 어시장은 소매 전문인 장외 시장과 도매 전문인 장내 시장으로 나뉜다. 그중 매력 포인트는 일본 전역에서 잡은 각종 해산물과 경매를 진행하는 상인들의 목소리가 어우러진 장내 시장이다. 특히 줄지어 누워있는 커다란 참치를 경매하는 모습이 가장 큰 인기인데, 밀려드는 여행객 때문에 영업에 방해가 될 정도라고 한다. 최근에는 여행객의 입장이 제한되는 곳도 있다고 하니 에티켓을 지키며 즐기도록 하자.

3

과거부터 현재까지의 도쿄를 한눈에

다이토 구&미나토 구
Taitou&Minato

도쿄를 상징하는 우에노 공원과 에도 시대의 모습을 느낄 수 있는 아사쿠사가 자리한 다이토 구, 레인보우 브리지와 롯폰기 힐스 등 볼거리가 다양한 미나토 구는 여행객의 필수 코스이다. 특히 도쿄를 대표하는 공원이자 미술관, 박물관, 과학관이 한자리에 있는 우에노 공원은 종합 선물세트 같은 곳이다. 또한 일본 영화나 드라마에 많이 나와 유명세를 치른 레인보우 브리지가 이어주는 대규모 인공섬 오다이바와 세련된 도쿄의 상징인 롯폰기, 오모테산도가 자리한 미나토 구는 도쿄 여행의 메카다.

POINT

1
도쿄에서 일본 에도 시대를 만날 수 있는 아사쿠사(Asakusa)

아사쿠사는 전통적인 색깔을 잘 간직한 곳이다. 도쿄 민간 신앙의 중심지인 센소지(淺草寺)를 중심으로 신사, 절, 불상 등이 잘 보존되어 일본 전통미를 느낄 수 있다. 또한 도쿄의 전통적인 손맛을 접할 수 있는 맛집이 많은 곳으로도 유명하다. 자전거 인력거가 아사쿠사 일대를 관광시켜주는 프로그램도 있으니 걷는 것이 부담된다면 한번 이용해보자. 색다른 경험이 될 것이다.

2
세련된 일본의 상징, 롯폰기 힐스(Roppongi Hills)

롯폰기의 명소 중 첫손가락에 꼽히는 복합 문화 공간인 롯폰기 힐스는 2003년 도시 재개발 프로젝트의 일환으로 건설되었다. 8개의 건물이 모여 있는 주상 복합 단지로, 롯폰기 힐스 자체가 하나의 도시라고 해도 과언이 아니다. 롯폰기 힐스가 들어서면서 롯폰기는 고급스러운 신흥 부촌으로 발전했다. 거미를 모티브로 한 조형물인 마망이 기념 촬영 포인트이다. 오다이바의 풍경은 물론 도쿄 전체가 내려다보이는 52층 전망대는 야경 명소로도 유명하다.

4

개성 넘치는 상점이 가득한 곳

메구로 구&세타가야 구
Meguro&Setagaya

소박한 듯하지만 각각의 개성이 드러나는 작은 상점이 오밀조밀 모여있는 메구로, 나카메구로, 지유가오카가 있는 메구로 구와 도쿄의 홍대로 불리는 젊음의 거리, 일본 작가들이 사랑하는 시모키타자와가 있는 세타가야 구는 도쿄 여행 고수들의 핫 스폿이다. 도쿄 현지인의 삶을 엿볼 수 있으며 예술적 감각이 살아있는 카페와 편집숍, 갤러리나 앤티크 숍, 중고숍들도 자리해 있다. 북적이는 도쿄가 아닌 한가로운 도쿄를 느끼고 싶다면 나카메구로와 지유가오카로, 도쿄의 젊음을 느끼고 싶다면 시모키타자와로 향하자.

POINT

1
**세련됨과 소박함이 동시에,
지유가오카(Jiyugaoka)**

자유의 언덕이라는 의미를 담고 있는 지유가오카는 이름만큼이나 자유로운 분위기를 느낄 수 있는 곳이다. 유럽을 고스란히 옮겨 온 듯한 카페와 숍이 즐비하며, 유명 파티셰들이 경쟁하듯 베이커리를 오픈해 보고 즐길 장소가 많다. 세련된 분위기는 물론 도쿄 현지인이 사는 마을이니만큼 소박함이 동시에 느껴지는 것도 매력이다. 키치조지와 함께 도쿄 사람들이 살고 싶어 하는 지역으로 손꼽히는 곳이다.

2
**예술가들이 사랑하는 곳,
시모키타자와(Shimokitazawa)**

일본을 대표하는 작가 요시모토 바나나는 시모키타자와를 너무 좋아해서 시모키타자와를 배경으로 한 <안녕, 시모키타자와>라는 소설을 쓸 정도였다. 에쿠니 가오리와 츠지 히토나리 소설에도 언제나 시모키타자와가 등장한다. 시모키타자와는 그정도로 일본 작가들이 사랑하는 곳이다. 젊은이들로 북적이는 한국의 홍대처럼 개성 있는 중고 옷이나 가방 등을 파는 중고숍과 가수, 배우 지망생들이 모이는 라이브 하우스가 많다.

5

슬램덩크 배경지와 온천마을이 있는

하코네&가마쿠라
Hakone&Kamakura

도쿄에 가면 근교까지 여행하고 싶은 욕심이 든다. 도쿄 근교에는 좋은 여행지가 많은데 그중에서도 온천마을인 하코네와 슬램덩크의 배경지이자 일본 영화의 거장 오즈 야스지로의 묘가 있는 가마쿠라가 특히 인기다. 하코네는 겨울 여행지로 더 이름이 나 있는데, 신주쿠에서 출발하는 열차를 타고 갈 수 있다. 기차 안에서 맛보는 도시락(에키벤)도 일품. 가마쿠라는 만화 <슬램덩크>를 좋아하는 전 세계 여행객이 모여드는 곳이다. 바다가 보이는 열차 길은 기념사진을 찍으려는 여행객들로 항상 붐빈다.

POINT

1
료칸의 따뜻한 온천으로 풍덩

2
강백호처럼 기념사진 찍기

하코네 여행의 이유를 단 하나만 꼽으라면 전통 료칸을 즐기기 위해서라고 답해도 부족함이 없다. 하코네는 료칸이 얼마나 많은지 료칸만 들르는 셔틀버스가 여러 대 운행할 정도다. 예약한 료칸이 적혀 있는 작은 버스를 타면 바로 앞까지 데려다준다. 료칸에서 제공되는 유카타를 입고 하루에도 여러 번 온천을 즐길 수 있다. 아침을 먹고 온천에 몸을 담갔다가 나오면 기분 좋게 달콤한 낮잠을 청할 수 있다. 낮잠 후에는 하코네 모노레일과 로프웨이를 타도 좋다. 또 산속에 자리한 폴라 미술관에서 하코네의 정취와 수준 높은 미술품을 즐길 수도 있다.

가마쿠라는 슬램덩크의 배경지로 알려져 유명세를 치렀다. 바닷가 가까이 달리는 에노덴 기차는 가마쿠라 코코마에역에서 정차하는데, 이 철길이 바로 강백호와 소연이 만나는 장면의 배경이다. 코코마에역은 내리자마자 기념사진을 찍으려는 여행객들로 북적인다. 대부분 열차가 오는 타이밍을 기다리기 때문에 그 틈으로 기념사진을 찍기는 어렵지만, 욕심을 버리고 바닷가를 배경으로 찍으면 의외로 손쉽다. 배경지로 알려진 학교도 있는데 그곳은 입장이 불가해 교문에 매달려 내부를 보는 것으로 아쉬움을 달래야 한다.

INFO
도쿄, 완전정복!
꼭 알아야 할 BEST 6

Have to know

Travel Plan
도쿄 여행, *계획*해볼까?

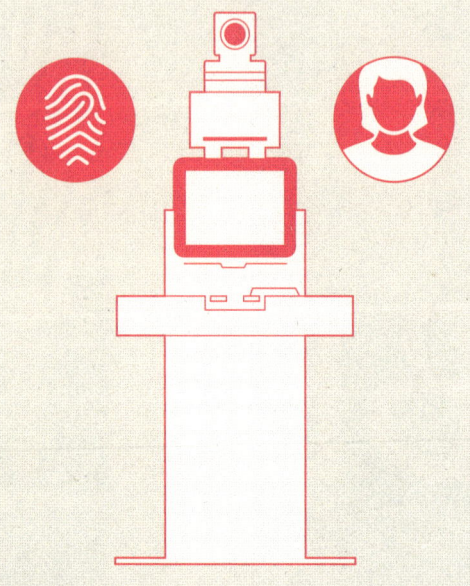

도쿄는 대한항공, 아시아나항공과 같은 국적기는 물론 제주항공, 이스타항공, 티웨이항공, 에어서울, 진에어 등 저비용 항공사 모두가 운항하고 있을 만큼 가기 쉽고 인기가 많은 지역이다. 또 일본항공과 전 일본공수(ANA), 피치항공 등 일본 항공사도 운항하고 있으며 심지어 미국 항공사인 유나이티드 항공도 인천과 도쿄를 잇고 있어 항공권 구매 선택의 폭이 넓다.

마일리지를 사용해서 도쿄에 가고 싶다면 대한항공이나 아시아나항공을 이용하는 것이 좋다. 저비용 항공사는 시즌별로 특가 항공권을 내놓기 때문에 운이 좋으면 제주 왕복 항공권 가격으로 도쿄에 갈 수도 있다. 물론 기내 서비스나 수하물은 별도로 금액이 추가되거나 취소했을 때 환불이 되지 않는 등 불편을 겪을 수 있지만, 그것을 모두 고려해도 괜찮을 만큼 매력적인 금액으로 판매되고 있으니 자신에게 맞는 항공권을 구매하도록 하자.

호텔 역시 호텔스닷컴이나 익스피디아 같은 글로벌 온라인 사이트는 물론 땡처리닷컴, 호텔 패스 등에서 가격 비교 후 예약하면 된다. 조식 포함인지 아닌지, 취소 불가 상품인지 아닌지 등을 꼼꼼히 따져보고 예약하자.

이 밖에도 주의해야 하는 몇 가지가 있다. 사계절 내내 우리나라보다 조금 더 온도가 높은 날씨를 고려해서 옷을 챙겨가자. 패션의 도시로 유명한 도쿄에 가서 구매해 입는 것도 나쁘지 않은 방법이다. 전압은 110V로 어댑터를 가져가야 한다. 통화는 엔화(￥)를 사용하며 보통 우리나라 돈 1,000원과 100￥을 비교하지만 환율에 따라 더 오를 때도, 내릴 때도 있다. 도쿄는 카드를 받지 않거나 최소 금액 이상을 구매해야 신용카드를 쓸 수 있는 곳이 많으니 현금을 넉넉히 준비하는 편이 좋다.

모든 여행객들이 설레는 마음으로 가장 먼저 만나게 되는 곳, 공항은 도쿄 여행의 출발지이다. 일본은 입국심사가 어렵거나 깐깐하지 않다. 지문 확인과 얼굴 촬영을 하고 나면 쉽게 입국 도장을 받을 수 있다. 간혹 세관에서 가방을 열어보라고 하는 경우가 있는데, 당황하지 말고 짐을 확인하도록 협조하면 된다. 우리나라 여행객이 많은 곳이기 때문에 공항에 내려서나 입국심사를 하는 동안 한글을 볼 수 있으니 큰 걱정은 하지 않아도 된다. 최근에는 입국심사가 더 간소화돼 여행객의 편의를 도모하고 있다.

공항 터미널에 대한 정보도 알아두자. 나리타공항에는 3개의 터미널이 있다. 자신이 어떤 항공사를 이용하는지에 따라 터미널이 변경되므로 반드시 체크하고 출·입국해야 한다. 1터미널은 무료 셔틀버스로 이동해야 하며 2, 3터미널은 도보로 15분 정도 소요되는 거리에 있으니 촉박하게 공항에 도착해 잘못 찾아가면 낭패를 겪을 수 있다. 1터미널은 대한항공과 아시아나항공, 전 일본공수, 에어부산, 유나이티드 항공 등이 운항한다. 2터미널은 일본항공과 이스타항공이, 3터미널은 보통 제주항공을 비롯한 저비용 항공사가 이용한다.

How to go
공항에서 시내까지!

나리타공항에서 도쿄 시내까지 이동할 수 있는 가장 빠른 수단, 스카이 라이너.
편도 요금이 2,470¥으로 비싼 편이다.

도쿄에는 하네다공항과 나리타공항이 있다. 김포공항에서 출발하는 항공기는 대부분 하네다공항으로 들어가고, 인천공항을 통해 출국하면 나리타공항에서 내리게 된다.

나리타공항에서 시내로 이동하려면 게이세이 전철, JR선, 리무진버스, 택시 등을 이용할 수 있는데 보통 도쿄 시내까지 1시간에서 2시간 정도 소요된다. 여행객이 가장 많이 선택하는 것은 게이세이 전철로 스카이 라이너, 액세스 특급, 쾌속 특급, 특급이 운행되며 보통 닛포리와 우에노에서 내린다. 열차마다 소요 시간은 물론 금액도 다른데 숙소를 기준으로 어느 열차를 타는 것이 유리한지 판단하면 된다. 스카이 라이너는 가장 빠르고 비싼 이동 수단으로 편도 2,470¥이다. 여권을 보여주고 스카이 라이너와 지하철을 탈 수 있는 패스를 구매하면 보다 저렴하게 이용할 수 있으며, 우에노까지 40여 분 걸린다. 특급과 쾌속 특급은 70여 분 소요되며 편도로 1,030¥이다.

JR선은 보통 도쿄역, 신주쿠역, 시부야역 등지에 숙소를 예약했을 때 유용하다. 그 중 나리타 익스프레스는 도쿄, 신주쿠, 시부야를 환승 없이 바로 연결해준다. 전 좌석 지정제로 미리 구매해야 한다. 공항에서 사면 할인받을 수 있으며 왕복으로 구매하는 편이 좋다. 왕복은 어른 기준 4,000¥이다.

리무진버스는 편리한 교통 수단이지만,
소요 시간을 예측할 수 없으니 참고하자.

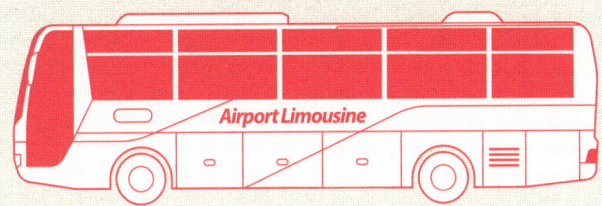

　리무진버스는 특급호텔 위주로 다닌다. 리무진버스를 타면 짐을 끌고 많은 계단을 오르내리지 않아도 된다는 점에서 좋지만, 시내까지 걸리는 시간을 예측하기가 어렵다. 게다가 비싼 편이라(편도 3,100￥) 많은 여행객이 이용하는 교통편은 아니다. 하지만 T-CAT이라 불리며 도쿄 터미널까지 운행하는 리무진버스는 외국인 여행객에게 금액을 할인해주기 때문에 편도 1,800￥ 정도다. 사람이 많지 않고 짐도 실어주고 내려주기 때문에 편리하다. 단, 닌교초, 가야바초, 니혼바시 등에 숙소를 예약한 경우에만 편하게 이용할 수 있다. 택시의 경우, 도쿄의 살인적인 요금을 안다면 이용하기 어려운 옵션이다. 도쿄 시내까지 보통 20만 원 정도 나오며 고속도로 사용료 등은 별도다.

　하네다공항은 도심 가까이에 있어 도쿄 모노레일이나 게이큐선, 리무진버스, 택시 등을 이용하기 용이하다. 모노레일은 20여 분 정도 소요되며 편도 490￥이고, 게이큐 전철은 편도 410￥으로 24분 정도 소요된다. 리무진버스는 시부야까지 50분 정도 소요되며 편도 1,030￥이다. 택시 요금의 경우 하네다공항에서는 지역별 정액제로 운영돼 6,400￥부터 10,700￥ 정도의 요금이 나온다.

Subway
도쿄 지하철 완전정복!

JR선은 도쿄 시내와 근교를 연결하는 노선으로
도쿄 시내 주요 지역을 지나가기 때문에 여행자에게 유용하다.

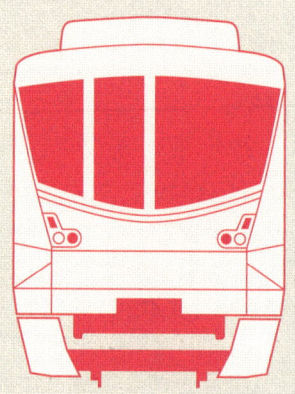

도쿄 메트로는 시내를 거미줄처럼 잇는 노선.
환승 시스템을 잘 활용하면 도쿄에서 가지 못할 곳이 없다.
단, 각 노선에서 환승 시 추가 요금이 발생한다.

3

　도쿄는 워낙에 한국 여행자들이 많이 찾는 도시이다. 그러다 보니 도쿄 지하철 역사 내에서 한글로 표기된 노선표를 충분히 구할 수 있다. 좀더 완벽하게 준비하고 싶다면 도쿄 메트로 홈페이지(www.tokyometro.jp/kr/subwaymap/)에 접속해 다운로드 하는 것도 좋다. 여기서 끝이 아니다. 지하철역 이름만 알면 가는 방법, 소요 시간, 환승역, 요금까지 안내해주는 어플도 있다. 데이터 연결 없이도 가능해, 도쿄 여행 시 유용하게 활용할 수 있다.

　준비물을 챙겼으면, 이제 도쿄 지하철에 대해 좀 더 자세히 알아보자. 도쿄 지하철은 JR선과 메트로, 사철 등으로 나누어져 있다. 각각의 역에서 다른 노선으로 갈아타야 하는 경우 환승이 되지 않아 대부분 추가 요금을 지불해야 한다. 패스를 활용해도 이용 가능한 노선이 각기 다르다. 따라서 지하철을 이용한 도쿄 여행의 첫 단계는 동선을 정리하는 것이다. 스스로의 여행 동선에 따라 이용 지하철 노선과 지하철역을 나누고 그에 맞는 이용 방법을 결정하는 것이 가장 현명하다.

　JR(Japan Railway)선은 도쿄 시내와 근교를 연결하는 노선이다. 야마노테선, 쇼부선, 주오선 등이 JR선의 종류인데, 특히 야마노테선은 도쿄 시내 주요 지역을 전부 지나가기 때문에 여행자가 유용하게 이용할 수 있다. 자동 매표소나 역무원이 있는 유인 매표소에서 티켓을 구매하면 되고 기본요금은 140￥부터다.

　도쿄 메트로라고 불리는 지하철은 시내를 거미줄처럼 잇는 노선이다. 역과 역 사이 거리가 짧아 도보로 이동할 수 있고 환승도 가능하다. 도쿄 메트로의 환승 시스템을 잘 활용하면 도쿄 주요 지역 중 가지 못할 곳이 없을 정도. 도쿄 메트로에서 운영하는 9개 노선(긴자선, 마루노우치선, 히비야선, 도자이선, 치요다선, 유라쿠초선, 한조몬선, 난보쿠선, 후쿠토신선)과 토에이에서 운영하는 4개 노선(아사쿠사선, 미타선, 신주쿠선, 오에도선)으로 나눌 수 있다. 각 노선은 서로 환승이 가능하지만, 약간의 추가 요금을 지불해야 한다. 기본요금은 한 정거장을 이동해도 도쿄 메트로는 170￥, 토에이선은 180￥부터다. 1일 무제한 이용권이 별도로 있으니 여행 일정에 따라 이용하면 된다.

Pass
도쿄 교통패스

스이카 카드는 선불 충전식이며,
편의점이나 상점에서 물건을 구매할 때도 사용가능하다.

파스모 카드는 1일 승차권, 도쿄 메트로&토에이 지하철
공통 1일권 등으로 판매하고 있다.

도쿄 메트로 패스는 여행 일정 상
도쿄 메트로만 이용할 경우 활용하면 좋다.

4

　지하철 노선이 촘촘하게 발달한 도쿄는 여행을 할 때 활용할 수 있는 교통카드 종류도 다양하다. 가장 기본적인 것은 우리나라 티머니 카드 격인 스이카 카드. 선불 충전식이며 이용에 제한이 없다. 도쿄 시내는 물론 근교에서도 사용 가능하고 편의점이나 상점에서 물건을 구매할 때도 쓸 수 있다. 처음 구입 시 1,000¥, 2,000¥, 3,000¥, 5,000¥, 10,000¥ 중 선택할 수 있으며 보증금 500¥이 추가된다. 이후 이용 시에는 20,000¥까지 자유롭게 금액을 충전할 수 있다. 공항이나 지하철 역사 내에서 구매할 수 있으며, 이용이 끝나고 환불받을 때 보증금 500¥에서 220¥을 공제하고 돌려준다. 스이카 카드와 비슷한 성격을 가진 파스모 카드의 경우 1일 승차권, 도쿄 메트로&토에이 지하철 공통 1일권 등으로 판매하고 있다. 단, 현금 구매만 가능하다.

　여행 일정 상 도쿄 메트로만 이용하는 여행자의 경우 도쿄 메트로 패스를 활용하자. 도쿄 메트로 노선에서 처음 사용하는 시간부터 24시간 동안 쓸 수 있는 도쿄 메트로 패스는 어른 600¥, 어린이 300¥이다. 주의사항은 구매 당일에 반드시 사용해야 한다는 점. 따라서 도쿄 메트로를 이용하는 당일 구매해야 한다. 도쿄 메트로와 토에이선을 모두 이용해야 하는 여행자라면 도쿄 메트로&토에이 지하철 공통 1일권을 활용하자. 어른 900¥, 어린이 450¥이며 자동 매표소에서 구매할 수 있다. 하루 일정에 이동이 많기보다는 한 곳에 오래 머무르는 경우라면 1회권 구매가 더 유용하다. 따라서 패스권 구매 전 반드시 여행 일정과 동선 확인을 잊으면 안 된다.

　이리저리 따지거나 여행 계획이 완전하지 않은 여행자라면 도쿄 프리 승차권을 활용해 보자. 도쿄 프리 승차권을 사용할 경우 유효기간 내 1일간 도쿄 메트로 전 노선, 토에이 지하철 전 노선, 노면 전철과 토에이 버스, 닛포리·도네리 라이너의 전 구간 및 JR선의 미야코구 구간의 승차가 자유롭다. 어른 1,590¥, 어린이 800¥이다.

Car Rental
도쿄 렌터카 완전정복!

일본은 핸들이 오른쪽에 있으며, 도로 역시 좌측통행이다.

렌터카 브랜드 허츠의 경우, 도쿄에서 렌터카를 이용하는 골드회원에게 10% 추가 할인 혜택을 제공한다.

지하철, 버스 등의 대중교통 중심 여행과 달리 렌터카를 이용하는 여행도 매력적이다. 좀 더 자유롭고, 여행 동선의 제약이 적다. 특색 있는 여행을 계획한 경우에는 시간 활용에 더욱 유용하다. 주변 소도시 여행을 계획하고 있는 경우에도 렌터카 이용이 도움이 된다.

Q1 렌터카 예약은 어떻게 해야 하나?

운전자 정보, 픽업 장소와 날짜, 시간, 차량 종류, 내비게이션 등의 추가 옵션 여부를 먼저 정하고 예약을 진행하면 된다. 일반적으로 인터넷 예약을 할 경우 차량이 없어 빌리지 못하거나 예약을 급하게 진행하면서 생기는 문제들을 예방할 수 있다. 또한 할인 혜택을 꼼꼼하게 따져볼 수 있다. 렌터카 브랜드 허츠의 경우 도쿄 대부분의 주요 지역에 영업소를 운영하고 있으며, 다양한 할인 프로모션과 항공사 마일리지 적립 등의 혜택을 제공하고 있다.

Q2 렌터카 여행 계획 시 어떤 준비를 해야 하나?

렌터카 예약을 완료했다고 끝이 아니다. 여행지에서 자동차를 이용하는 것이기 때문에 사전 준비를 철저하게 하면 할수록 안전한 여행을 할 수 있다. 일본에서 렌터카를 이용하기 위해서는 반드시 국제운전면허증을 소지하고 있어야 한다. 발급 연월일로부터 1년간 유효한 자격증이니, 렌터카 여행 계획을 세울 때 유효기간 확인도 놓치지 말자. 이밖에 국내 운전면허증, 여권, 신용카드, 온라인 예약번호 또는 예약 확인서 등을 챙기자. 예약을 하면서 예약번호, 예상요금, 반납 지역과 편도 반납 시의 추가비용, 주의사항 등에 대해서도 꼼꼼하게 체크해야 한다. 마지막으로 자동차 보험을 챙기자. 해외에서 직접 운전을 하면 대중교통을 이용할 때보다 예상치 못한 문제가 발생할 확률이 높아진다. 그렇기에 여행을 하는 동안 문제를 최소화할 방법은 사전에 확인하는 것뿐이라는 사실을 잊으면 안 된다.

Q3 렌터카를 더 똑똑하게 이용하는 방법이 있나?

렌터카 예약을 하기 전 업체별 회원 혜택, 특별 서비스 등을 찾아보길 권한다. 렌터카 브랜드 허츠의 경우 골드회원으로 가입하면 별도 서류 작성 없이 차량 픽업, 회원 전용 할인 프로모션, 포인트 적립 및 차량 무료 업그레이드 등의 혜택을 제공한다. 물론 회원 가입은 무료이다. 이렇게 업체별 혜택을 비교해 좀 더 완벽한 여행을 계획해보자.

Q4 렌터카 여행 시 주의사항은?

일본의 경우 국내 차량과 반대로 핸들이 오른쪽에 있다. 도로 역시 좌측통행이다. 따라서 운전을 할 때 조금 더 주의가 필요하다. 교통법규 준수, 안전벨트 착용, 이동 시 차량 간 안전거리 확보, 운전 중 휴대전화 사용 금지 등 기본적인 주의사항은 국내와 동일하다. 단 빨간 신호에서 좌회전이 금지되어 있다. 6세 미만의 아이와 함께 렌터카를 이용할 때는 반드시 어린이 시트를 사용해야 한다. 일본의 주유소는 대부분 셀프 이용이니 참고하자. 일본에서는 경찰 신고 번호가 110이라는 사실도 알아두면 급박한 상황에 도움이 된다.

Duty Free Shop
면세점 똑똑하게 이용하는 방법

정가의 30-50% 저렴한 가격으로 제품을 구입할 수 있는 면세점 쇼핑은 해외여행을 계획하면서 가질 수 있는 또 하나의 즐거움이다. 특히 공항에서뿐만 아니라 여행 계획이 완료되면 '시내면세점'과 '인터넷 면세점'도 이용할 수 있다. 면세점 쇼핑도 여러 선택지가 있으니 꼼꼼하게 알아보고 똑똑하게 이용하자.

항공권 예매가 확정되면 출국 60일 전부터 면세점을 이용할 수 있다.

쿠폰이나 멤버십 혜택 등이 면세점마다 다르니 이용하기 전 미리 확인해보면 좋다.

시내 또는 인터넷 면세점에서 구매한 제품은 출국 시 면세품 인도장에서 수령이 가능하다. 여권과 항공권, 제품 교환권 등을 제시해야 하니 잊지 말고 챙기도록 하자.

Q1 시내면세점, 인터넷 면세점, 공항 면세점, 기내 면세점 등 다양한 종류의 면세점, 어떻게 이용하면 될까?

여행 계획을 세운 후 출국까지 시간적인 여유가 있다면 시내면세점과 인터넷 면세점을 이용하는 것이 유리하다. 멤버십 할인, 쿠폰, 적립금 등 여러 혜택을 활용하면 조금 더 저렴한 가격에 제품을 구입할 수 있다. 단 비행기 시간, 여행 목적지에 따라 구매 제한이 있을 수 있으니 미리 체크해보자. 시내면세점의 경우 운영 시간을 확인하고 방문해야 한다. 시내에서 가장 늦은 시간에 면세점 쇼핑을 할 수 있는 곳은 밤 11시까지 운영하는 동대문 두타면세점이니 참고하자.

* 두타면세점 본점 : 서울특별시 중구 장충단로 275 두산타워 1F, 7F~13F
* 두타인터넷면세점 : www.dootadutyfree.com

Q2 면세점 쇼핑을 할 때 알아두어야 할 것은 무엇인가?

우선 여권과 항공권 또는 e 티켓은 필수이다. 항공권 예매가 확정되면 출국일로부터 60일 전부터 면세점을 이용할 수 있다. 내국인의 경우 면세품 구매 한도는 3,000$(국산품은 제외)이며, 입국 시 면세 한도는 내외국인 모두 국산품과 수입품을 포함해 600$이다. 따라서 입국 시 구매한 면세품의 가격이 600$가 넘을 경우, 자진 세관 신고를 하고 세금 납부를 해야 한다. 제품별로 적용 세율이 다를 수 있으니 구매할 때 미리 체크하자.

인터넷 면세점을 이용하는 경우에는 여권과 항공권 외에 본인 인증이 가능한 핸드폰 번호가 필요하다. 또한 인터넷 면세점에 없는 브랜드나 제품도 '스페셜 오더'로 문의하면 상품 유무 확인 후 주문 가능 여부를 알려준다. 사고 싶은 물건이 명확한 경우 온라인을 활용하면 좀 더 편리하게 원하는 쇼핑을 할 수 있다.

Q3 면세점을 똑똑하게 이용하는 방법은?

대부분의 면세점에서는 멤버십 제도와 다양한 할인 쿠폰 프로모션을 진행하고 있다. 회원 가입을 하면 회원 전용 기본 할인 혜택을 받을 수 있으며, 구매 금액과 가입 기간을 기준으로 쿠폰, 적립금 혜택이 다르게 제공된다. 특히 인터넷 면세점에서는 기본 멤버십과 별도로 구매 등급 제도가 있어 보다 실속 있는 면세 쇼핑을 즐길 수 있다. 두타면세점의 경우 회원 등급별로 최대 20%까지 기본 할인 혜택을 제공한다. 각 면세점별로 운영하는 이벤트에도 주목하자. 해외여행 전 부지런한 면세점 쇼핑 정보 탐색은 필수!

Q4 구매한 제품은 어떻게 받으면 될까?

시내면세점, 인터넷 면세점을 이용해 구매한 제품은 출국 당일 공항 인도장에서 찾을 수 있다. 면세품 수령은 반드시 출국하면서 해야 한다는 점을 잊지 말자. 해외에서 한국으로 돌아올 때는 면세품 수령이 불가하다. 면세품 인도장에서는 본인이 구매한 제품만 수령이 가능하다. 제품 수령 시에는 여권과 항공권, 제품 구매 시 받았던 교환권을 제시해야 하며, 인도장에서 상품을 확인하고 문제가 있으면 바로 직원에게 문의해야 한다. 이후 환불이나 교환이 어려울 수 있으니 물건을 받으면서 바로 확인하는 것이 좋다.

TRAVEL PACKING LIST
여행 준비물 목록

ESSENTIAL 기본 물품	CLOTHES 의류	ACCESSORIES 액세서리

TOILETRIES & COSMETICS 세면도구&화장품	ELECTRONICS & GADGETS 전자제품&장비	OTHER 그 외

CHECK LIST

장소, 음식, 쇼핑 등 여행 중 경험하고 싶은 나만의 목록을 만들어 사용해보세요

	CHECK		CHECK
	☐		☐
	☐		☐
	☐		☐
	☐		☐
	☐		☐
	☐		☐
	☐		☐
	☐		☐
	☐		☐
	☐		☐
	☐		☐
	☐		☐
	☐		☐
	☐		☐
	☐		☐
	☐		☐
	☐		☐
	☐		☐
	☐		☐
	☐		☐
	☐		☐
	☐		☐
	☐		☐
	☐		☐
	☐		☐
	☐		☐

PART
1

일상을 벗어나는
도심 속 휴식 공간,
도쿄　　　공원

빌딩 숲 안의
진짜 숲

PARK

● 높은 건물이 빽빽하게 들어선 거대한 도시에 사는 현대인들은 초록을 품고 있는 자연을 접하기가 꽤 어렵다. 그렇기 때문에 자신의 베란다나 아주 작은 공간에 자연을 느낄 수 있게 스몰 가든을 꾸미는 것이 대세로 자리 잡았을 정도다. 결국 사람은 자연의 품속에서 살아야 하는 법.

도쿄도 빽빽한 빌딩 숲, 무수히 많은 사람이 오가는 대형 역사 등 현대적인 도시의 전형을 보여주는 곳이다. 하지만 그 빌딩 숲 안에 진짜 숲을 품고 있어 산뜻하게 숨 쉴 수 있는 곳이기도 하다. 애니메이션 <언어의 정원>의 촬영 장소로 유명세를 탄 신주쿠 공원, 벚꽃이 흩날리는 풍경이 아름다워 봄에는 도쿄 시민들의 필수 유원지가 되는 이노카시라, 힙하고 젊은 도쿄 청년들을 만날 수 있는 요요기까지. 이곳이 도쿄의 한복판인가 싶을 만큼 아름다운 자연을 품고 저마다의 특색을 뽐내는 공원들을 만날 수 있다.

비가 오면 학교에 가지 않고 언어의 정원으로 향하던 타카오처럼, 도쿄의 공원에서 잠시 일상을 벗어나 자신만의 시간을 가져보면 어떨까?

1 이노카시라 공원
(Inokashira park)

주소 1 Chome-18-31 Gotenyama, Musashino, Tokyo
전화 0422-47-6900
이용시간 공원 24시간, 연못 보트(휴무일: 12-2월의 수요일)

4-7월	10:00-17:50	11월	09:30-16:50
8월	10:00-18:20	12-2월	09:30-16:50
9월	10:00-17:50	3월	09:30-17:20
10월	09:30-17:20		

휴일 12월 25일
요금 공원 무료,
　　　로우 보트(60분) 성인 3명까지 700¥, 스완 보트(30분) 어른 2명, 어린이 2명까지 700¥
홈페이지 www.tokyo-park.or.jp

이노카시라 공원은 무사시노 시와 미타카 시 경계에 넓게 자리 잡은 공원(약 42만m²)으로 1917년 5월 1일에 문을 열었다. 항상 도쿄 시민에게 큰 사랑을 받는 곳으로, 공원 가운데 자리한 이노카시라 연못이 매력 포인트이다. 연못에서 스완 보트(오리 배)나 로우 보트 등을 탈 수 있어 도쿄 사람들의 데이트 코스로 자리매김했다. 특히 벚꽃이 피는 시기에는 단체로 소풍을 나온 사람들 때문에 발 디딜 틈이 없을 정도이다. 근처 지브리 박물관을 함께 둘러봐도 좋다.

² 신주쿠 공원
(Shinjuku park)

주소 11 Naitomachi, Shinjuku, Tokyo
전화 03-3350-0151
이용시간 09:00-16:00 (16:30 폐장)
휴일 월요일(공휴일인 경우 다음날),
      12월 29일-1월 3일
요금 일반 200¥, 초·중학생 50¥, 유아 무료
홈페이지 www.tokyo-park.or.jp

³ 요요기 공원
(Yoyogi park)

주소 2-1 Yoyogikamizonocho, Shibuya,
      Tokyo
전화 03-3469-6081
이용시간 24시간
홈페이지 www.tokyo-park.or.jp

넓이 58만 3,000m², 주변 둘레 3.5km에 달하는 신주쿠 공원은 신주쿠 일대에서 가장 큰 공원이다. 에도 시대에는 막부의 가신 나이토 가문의 소유로 나이토 신주쿠로 불렸고, 메이지 시대에는 황실 정원, 1945년 이후에는 시민들의 공원이 되었다. 신카이 마코토 감독의 애니메이션 <언어의 정원> 속 배경의 실제 장소로 유명세를 치렀다. 아쉽게도 애니메이션에서처럼 맥주를 마실 수는 없으니 캔 음료라도 대신 준비하자.

7만 그루의 나무로 이뤄진 삼림공원, 요요기. 일본 육군 요요기 연병장이었던 이곳은 전쟁 이후 미군 숙소 부지와 도쿄 올림픽 선수촌을 거쳐 지금의 모습에 이르렀다. 근처에 메이지 신궁이 있어 함께 둘러보면 울창한 숲을 느낄 수 있다. 요요기 공원은 일요일에 비정기적으로 열리는 플리 마켓과 다양한 공연을 볼 수 있는 곳으로도 유명하다. 자유분방한 모습의 도쿄 청년들이 한쪽에서는 랩을 하며 춤을 추고, 다른 한쪽에서는 커피를 파는 진풍경을 만날 수 있다.

우에노 공원
(Ueno park)

주소 5-2 Uenokoen, Taito, Tokyo
전화 03-3828-5644
이용시간 05:00-23:00
홈페이지 www.tokyo-park.or.jp

우에노 공원은 도쿠가와 막부와 관련 있는 절로, 불행한 방향으로 여겨지던 북동쪽으로부터 에도성을 방어하기 위해 세워진 칸 에이지의 예전 자리이다. 공식 명칭은 우에노 온시 공원으로 일본 왕이 선물한 우에노의 공원이라는 뜻이다. 나리타공항에서 게이세이 스카이 라이너를 이용할 때 도착하는 곳이기도 해 여행의 시작이나 끝에 둘러보면 좋다. 공원 안팎으로 도쿄의 박물관, 미술관, 과학관이 있어 한자리에서 다양한 장소를 느낄 수 있다.

PART
2

BOOK

다채로운
책의 향연,
도쿄 서점

STORE

PART 2 / ESSAY

도쿄인의
책 사랑을
느끼고 싶다면

BOOKSTORE

● 스마트폰 보급률이 높아지면서 어느새 지하철이나 버스 등 대중교통은 물론 식당이나 카페에서도 스마트폰만 쳐다보는 사람들이 많아졌다. 다채롭고 재밌는 내용이 많고 손쉽게 정보를 습득할 수 있지만 한편으로 빠르게 지나가는 콘텐츠에 지치기도 한다. 그럼에도 스마트폰을 손에서 놓기 어려운 것이 사실이고, 그럴수록 집기 어려운 것이 책이다.

그러나 도쿄에서는 여전히 지하철 등지에서 책을 들고 다니는 사람을 어렵지 않게 볼 수 있다. 대형 서점, 작은 서점은 물론 독립 서점도 많아 도쿄 서점만 소개하는 책이 나올 정도다. 서점만 둘러보아도 충분히 만족스러운 여행이 가능하니 책을 좋아하는 사람이라면 도쿄만큼 매력적인 여행지가 따로 없다.

비록 파는 책들은 일본어로 되어 있지만, 그저 각각의 서점이 가진 매력을 느끼는 것만으로 충분하다. 아날로그 감성을 자극할 도쿄의 서점으로 일단 떠나보자.

¹ 모리오카 서점
(Morioka Shoten Ginza)

주소　1 Chome-28-15 Ginza, Chuo, Tokyo
전화　03-3535-5020
이용시간　13:00-20:00
휴일　월요일
홈페이지　www.soken.moriokashoten.com

² 시부야 퍼블리싱 앤 북 셀러스
(Shibuya Publishing & Booksellers)

주소　1F Terrace Kamiyama, 7-13,
　　　Kamiyamacho, Shibuya, Tokyo
전화　03-5465-0588
이용시간　11:00-23:00
　　　　(일요일 11:00-22:00)
홈페이지　shibuyabooks.co.jp

한 달에 한 권의 책만 판매하는 아주 작고 독특한 서점이다. 겉으로 볼 때는 그냥 지나칠 만한, 서점인지도 모르는 이 작은 공간에서는 한 달에 한 권을 신중하게 선정하고 책에 대한 강연이나 공연 등을 함께 기획한다. 모리오카 서점 종합 연구소라는 이름으로 매달 공연과 강연에 참가자를 모집해 같이 의견을 나누는 이벤트도 진행한다. 벼룩시장이나 헌책방을 둘러보는 토크 이벤트나 투어도 있으니 일본어가 가능하다면 한 번쯤 참가해봐도 좋다.

이름에서 알 수 있듯이 시부야 퍼블리싱 앤 북 셀러스는 기획 편집 회사가 운영하는 서점이다. 책과 함께 재미있는 물건들을 파는 편집숍 형태로 되어있다. 사람과 물건, 정보와 문화의 교차로 같은 곳이 되고 싶다는 포부가 멋진 서점이다. 구하기 어려운 수입 서적은 물론 다양한 종류의 잡지, 기발함이 돋보이는 물건까지 만날 수 있어 지갑을 열지 않고는 못 배기는 곳이기도 하다. 시부야의 소란스러움과는 반대로 조용한 골목에 위치해 들어서는 순간 안락한 분위기가 느껴진다.

³ 카모메 북스
(Kamome books)

주소 123, Yaraicho, Shinjuku, Tokyo
전화 03-5228-5490
이용시간 11:00-21:00
휴일 수요일
홈페이지 www.kamomebooks.jp

일본 역시 인터넷 서점이 빠르게 발전하면서 동네 서점이 많이 사라지는 중이다. 카모메 북스는 그 사실이 안타까워 생긴 서점이라는 게 한눈에 보일 정도로 세심하게 책을 배열해 뒀다. 좋은 책을 독자에게 소개하는 마음, 새 책을 만나는 만남의 장소가 되길 바하는 마음이 담긴 카모메 북스. 이곳에는 카페와 갤러리가 같이 있어 책과 함께 좋은 전시와 맛있는 커피까지 만날 수 있다.

4 카우 북스
(Cow Books)

주소 1 Chome-14-11 Aobadai, Meguro, Tokyo
전화 03-5459-1747
이용시간 12:00-20:00
휴일 월요일
홈페이지 www.cowbooks.jp

나카메구로 강 옆으로 죽 이어진 산책길에 어우러져 있는 작은 서점, 카우 북스. 은색 간판에 그려진 커다란 소가 재밌는 이곳은 일본 서적이든 영어 서적이든 가리지 않고 구하기 힘든 중고서적을 엄선해서 구비해놓은 공간이다. 특히 가운데 커다랗게 놓인 테이블에서 커피 한잔의 여유를 즐기고, 그곳에서 판매하는 편지지나 엽서 등을 쓰며 한가로운 시간을 보내기에 제격이다. 자유로우면서도 조용한 분위기가 안락함을 선사한다. 카우 북스만의 굿즈도 판매하고 있으니 책이 아니더라도 기념으로 귀여운 소가 그려진 제품을 구매해도 좋다.

⁵ 아네가와 서점
(Anegawa Bookstore)

주소 2-2 Kanda Jimbocho, Chiyoda, Tokyo
전화 03-3263-5755
이용시간 평일 10:00-21:00, 토요일-공휴일 11:00-18:00
휴일 일요일
홈페이지 www.nyankodo.tokyo

아네가와는 냥코도(고양이당)라고 불리는, 고양이에 관련된 서적을 판매하는 서점이다. 고양이에 대한 책으로 서점 한 곳을 다 채운 주인장도 신기하지만, 고양이 관련 서적이 그토록 다양하다는 것도 놀랍다. 고양이를 사랑하는 일본이기에 가능한 것처럼 보이지만 우리나라에서도 고양이를 키우는 인구가 날이 갈수록 많아지고, 고양이에 대한 사랑도 커지고 있으니 이런 서점을 기대해 볼 수 있지 않을까. 냥덕이라면 반드시 가야 할 서점이다.

당신은 참 좋은 사람 같군요.
- 영화 <동경 가족> 중

PART
3

MUS

아는 만큼 보인다!
도쿄 미술관과 박물관

PART 3 / ESSAY

도쿄를
이해하려면 반드시
들러야 할 곳

MUSEUM

● 여행은 어쩌면 한 나라와 한 도시를 이해하는 작업이라고 할 수 있다. 생소한 곳에서 그들과 함께 숨 쉬면서 그들을 알아가고 이해하는 것이 곧 여행이다. 그래서 아는 만큼 보인다는 말이 딱 들어맞는다. 정보를 알면 상대를 더욱 쉽게 이해할 수 있다. 그렇기에 새로운 도시에서 그 곳을 이해하는 지름길은 박물관과 미술관을 방문하는 것이다.

도쿄에도 다양한 종류의 박물관과 미술관이 있다. 특히 애니메이션 거장인 미야자키 하야오의 세계관을 볼 수 있는 지브리 박물관은 일본인뿐 아니라 전 세계 사람들이 끊임없이 찾아오는 매력적인 공간이다. 에비스 마을에서 만들던 맥주의 역사를 느낄 수 있는 에비스 맥주 박물관에서는 과거에서 현재까지 만들어진 다양한 에비스 맥주를 맛볼 수 있다. 일본 장인의 숨결을 느낄 수 있는 민예관도 놓치면 아쉬운 곳이다. 이렇듯 분위기나 콘셉트 하나 겹치지 않는 미술관과 박물관이 많아 매력적인 장소를 선택하는 것 자체가 어려운 일이다.

도쿄 여행의 시작을 미술관이나 박물관에서 해보는 것은 어떨까? 아직 모르던 도쿄의 매력이 가깝게 다가올지 모른다.

¹ 에비스 맥주 기념관
(Museum of YEBISU BEER)

주소 4-20-1 Ebisu, Shibuya, Tokyo
전화 03-5423-7255
이용시간 11:00-19:00
휴일 월요일
요금 무료
홈페이지 www.sapporobeer.jp

² 일본 민예관
(The Japan Folk Crafts Museum)

주소 4 Chome-3-33 Komaba, Meguro, Tokyo
전화 03-3467-4527
이용시간 10:00-17:00
휴일 월요일
요금 어른 1,100¥ / 고등학생 600¥
     초·중학생 200¥
홈페이지 mingeikan.or.jp

에비스 가든 플레이스에는 삿포로 맥주 본사가 있고, 그 건물 지하 1층에 에비스 맥주 기념관이 있다. 다소 찾기 어려운 곳에 있지만 표지판을 따라가다 보면 어느새 커다란 에비스 맥주 캔을 만나게 된다. 기념관에서는 세계 맥주의 역사와 에비스 맥주에 대해 다양한 자료를 소장하고 있어, 맥주를 좋아하는 이들의 눈길을 사로잡는다. 시음 라운지에서 여러 종류의 에비스 맥주를 한 번에 맛볼 수 있다.

1936년, 설립자인 야나기 무네요시가 외관과 내관을 직접 디자인한 민예관은 현재까지 그 모습을 유지하고 있다. 이곳은 신발을 벗고 슬리퍼를 신고 들어가야 하고 일반 박물관과 달리 방으로 된 작은 전시관으로 이루어져 있어 마치 누군가의 집을 구경하는 기분이 든다. 전시품도 일본의 전통 의자나 테이블, 그릇 등으로 이루어져 사람이 살고 있을 것만 같다. 2층에는 조선 시대실이 마련돼 있으나 설명이나 표시는 없고 산지가 이조라는 것만 적혀 있다. 그런데도 불구하고 일본 민예관에서 만나는 조선의 전통이 조금은 반갑게 느껴진다.

³ 지브리 미술관
(Ghibli Museum)

주소 1 Chome-1-83 Shimorenjaku, Mitaka, Tokyo
전화 0570-055-777
이용시간 10:00-18:00
휴일 화요일
요금 19세 이상 1,000¥ / 13-18세 700¥ / 7-12세 400¥ / 4-6세 100¥
홈페이지 ghibli-museum.jp

일본 애니메이션의 거장 미야자키 하야오 감독이 직접 디자인한 지브리 미술관은 그의 작품에 나올법한 신비로운 외관과 내관을 가졌다. 박물관 이름이 미야자키 하야오 감독의 스튜디오 이름인 '지브리'와 동일한 것도 재미있다. 박물관 내부에는 애니메이션을 만드는 원리, 감독의 방과 동일한 공간 등이 전시되어 있다. 야외 옥상에는 <천공의 성 라퓨타>에 나오는 로봇병이 있어 기념사진을 찍기에 적격이다. 내부는 사진을 찍을 수 없으니 주의하자.

⁴ 국립 서양 미술관
(The National Museum of Western Art)

주소 7-7 Uenokoen, Taito, Tokyo
전화 03-3828-5131
이용시간 화요일-일요일 09:30-17:30
　　　　　금요일-토요일 09:30-20:00
휴일 월요일
요금 어른(18-65세) 500¥ / 대학생 250¥
　　　그 외 무료
홈페이지 www.nmwa.go.jp

일본의 주요 문화재로 지정된 국립 서양 미술관 본관 건물은 프랑스 건축의 거장인 르 코르뷔지에가 설계했다. 때문에 미술관의 작품을 설명하는 브로슈어와는 별개로 르 코르뷔지에의 건축물에 대한 설명이 담긴 브로슈어가 준비되어 있다. 인상파 작품이 다수 전시돼 있는 것도 이곳의 특징이다. 특별 전시가 열리면 3시간이 넘는 대기 시간을 감수하고서라도 작품을 관람하려는 도쿄 사람들의 모습에서 뜨거운 미술 사랑도 엿볼 수 있다.

⁵ 도쿄 국립박물관
(Tokyo National Museum)

주소 13-9 Uenokoen, Taito, Tokyo
전화 03-3822-1111
이용시간 09:30-17:00
휴일 월요일
요금 어른(18-69세) 620¥ / 대학생 410¥
　　　그 외 무료
홈페이지 www.tnm.jp

우에노 공원에 자리한 도쿄 국립박물관은 일본과 아시아 그림은 물론 조각, 서예, 건축 등을 비롯해 다양한 예술품 총 8만 8,000점을 보유한 대형 박물관이다. 외관만 봐도 일본의 전통이 느껴진다. 일본과 도쿄를 이해하려면 반드시 들러야 하는 곳 중 한 곳이다. 주말에는 많은 현지인이 찾아 줄을 서야 할 수 있으니 가능하다면 평일에 방문하자.

시간이 지나면 새로운 만남이 있겠지만
잊을 수 없는 것은 잊을 수 없다.
- 에쿠니 가오리

PART
4

RESTA

어머, 이건
꼭 먹어야 해!
도쿄 맛집 탐방

URANT

어느 식당을
들어가도
다 맛있다!

RESTAURANT

● 도쿄는 미슐랭이 인정한 맛집뿐 아니라 저렴하게 즐길 수 있는 맛집, <고독한 미식가>에 나온 맛집, 몇 백 년 동안 전통을 이어온 맛집, 최근 트렌드를 반영한 맛집 등 무수히 많은 기준의 맛집이 자리하고 있다. 오죽하면 도쿄에서는 어떤 음식점에서 식사를 해도 맛있다는 이야기가 나올까.

그 모든 식사와 어울리는 맥주도 맛있으니, 도쿄 여행에서 입은 언제나 즐겁다. 일본 하면 빼놓을 수 없는 스시도 저렴한 곳부터 고급스러운 레스토랑까지 선택의 폭이 넓다. 뿐만 아니라 히스토리가 담긴 오래된 식당, 현지인이 인정한 맛집, 전 세계적으로 유명한 감독이 반한 식당까지 가야할 곳이 너무 많아 여행 중에 다 먹을 수 없는 게 아쉬울 정도다.

그중에서도 가성비가 좋고 유명하며, 여행객뿐 아니라 현지인에게도 꾸준히 인기 있는 식당을 소개한다. 어느 곳을 가더라도 후회하지 않을 것이다.

¹ 사토우
(Kichijouji Satou)

주소 1-1-8 Kichijoji Honcho, Musashino, Tokyo
전화 0422-22-3130
영업시간 10:00-19:00
휴일 신년, 주말(각 지점마다 휴일 상이)
홈페이지 shop-satou.com

² 카가리 라멘
(Kagari Ramen)

주소 4 Chome-1-2 Ginza, Chuo, Tokyo
전화 03-3561-0717
영업시간 11:00-23:00
휴일 일요일

키치조지에 사는 현지인이 줄을 서서 먹는 멘치까스를 파는 곳으로 유명한 사토우. 1층은 멘치까스를 파는 상점이고 2층은 철판 스테이크를 먹을 수 있는 곳이다. 영업시간은 점심과 저녁으로 나뉘며, 늘 사람들이 줄을 설 정도로 인기가 많다. 썰어 먹는 스테이크가 아니라 철판에 구워 썰어주는 일본식 스테이크가 별미. 두 가지 소스가 나오니 입맛에 맞는 소스를 찍어 먹으면 된다. 일반 스테이크와 스페셜 스테이크가 있는데, 둘 다 맛이 좋으니 예산에 따라 선택하자.

긴자에 위치한 미슐랭 스타를 받은 라멘집이라는 설명을 들으면 크고 화려할 것이라는 생각이 든다. 그러나 카가리 라멘은 긴자역 역사 안에 있는 작은 라멘집이다. 좌석은 8자리에 메뉴도 2종류뿐. 닭 육수로 만든 우유 같은 국물이 인상적이다. 이곳의 라멘을 제대로 즐기는 것은 국물에 밥을 말아 먹는 것이다. 면을 조금 남기더라도 밥은 꼭 시키자.

³ 곤파치
(Gonpachi)

주소 1 Chome-13-11 Nishiazabu, Minato, Tokyo
전화 03-5771-0170
영업시간 11:30-03:30 (음식 02:45, 음료 03:00까지 주문 가능), 월요일-금요일 런치 11:30-15:00
휴일 연중무휴
홈페이지 gonpachi.jp

영화 <킬 빌>의 전투 장면을 기억하는가. 노란 트레이닝복을 입은 우마 서먼이 일본식 건물에서 여러 사람과 전투를 벌이는 신은 두고두고 회자될 만큼 명장면으로 손꼽힌다. 이 영화의 감독인 쿠엔틴 타란티노는 도쿄 여행 중 방문한 곤파치에서 영감을 받아 비슷하게 세트를 짓고 그 장면을 촬영했다. 덕분에 곤파치는 전 세계에서 몰려든 관광객은 물론 도쿄 현지에 머무는 외국인, 일본인에게도 사랑받는다. 맥주 한 잔과 어울리는 꼬치를 골라 분위기에 취하다 보면 어느새 늦은 밤이 된다.

⁴ 스시 젠
(Sushi zen)

주소 Fukuhara Ginza B1F, 8-10 Ginza 7chome, Chuo, Tokyo
전화 03-3569-0068
영업시간 11:00-15:00, 17:00-22:00
휴일 일요일
홈페이지 sushizen.co.jp

도쿄는 신선한 해산물을 먹을 수 있는 곳이다. 그럼에도 고급스러운 스시 집이 다수 자리한 긴자에서는 어디를 가야 할지 고민이 된다. 퀄리티를 보장하더라도 가격이 너무 비싸면 부담스러운 게 사실. 그럴때 스시 젠이 맞춤이다. 스시 젠은 두 가지를 모두 만족시키는 곳이다. 부담스럽지 않은 가격으로 질 높은 스시를 먹고 싶다면 점심에 방문하는 것을 추천한다. 날마다 좋은 생선으로 스시를 제공하는 오마카세 메뉴로 입이 즐겁고, 친절한 셰프 덕에 기분까지 좋아지는 곳이다. 예약은 필수다.

5 사토 요스케
(Sato yosuke)

주소 1F, 6-4-17 Ginza, Chuo, Tokyo
전화 03-6215-6211
영업시간 11:30-15:00, 17:00-22:00
휴일 연말연시, 추석
홈페이지 sato-yoske.co.jp

6 긴자 바이린
(Ginza Bairin)

주소 7-8-1 Ginza, Chuo, Tokyo
전화 03-3571-0350
영업시간 11:30-20:45
휴일 1월 1일
홈페이지 ginzabairin.com

일본 3대 우동인 이나니와 우동을 350년간 지켜온 사토 요스케의 긴자 분점, 긴자 사토 요스케. 그곳에서 먹는 우동은 우리가 평소 먹던 굵은 면발의 우동이 아니다. 국수에 가까운 굵기인데 쫄깃함이 일품이다. 온우동은 양념이나 토핑이 많지 않고 시원한 국물이 매력적이다. 쫄깃한 면발을 제대로 느끼고 싶다면 냉우동을 먹어야 한다. 한 그릇을 다 먹을 동안에도 퍼지지 않는 면발 덕분에 계산할 때 자연스럽게 건면을 구매하게 될 것이다. 집에서 끓여 먹어도 충분히 맛이 좋다.

우리나라에도 분점을 낸 긴자 바이린은 마이센과 더불어 인기 있는 돈가스 맛집이다. 1927년부터 긴자에 자리잡은 이곳은 도쿄 현지인들이 줄을 설 정도로 인기가 많다. 마이센은 여행객이 많은 반면 긴자 바이린은 도쿄 현지인이 많아 좀 더 믿음이 간다. 마이센과 비교하면 덜 화려해 보일지 모르지만 담백한 맛이 일품이다. 단, 현금으로만 계산할 수 있으니 참고하자.

⁷ 블루 보틀 커피
(Blue Bottle Coffee)

주소 3 Chome-13-14 Minamiaoyama, Minato, Tokyo
영업시간 08:00-19:00
홈페이지 https://bluebottlecoffee.jp/cafes/aoyama

⁸ 에그 앤 띵스
(Eggs 'n Things)

주소 1 Chome-7-1 Daiba, Minato, Tokyo
전화 03-6457-1478
영업시간 09:00-23:00
휴일 연중무휴
홈페이지 http://www.eggsnthingsjapan.com/odaiba

캘리포니아에서 시작한 블루 보틀 커피는 미국 여행의 필수 방문지로 인기를 끌었고 다른 국가로는 일본에 제일 먼저, 유일하게 상륙했다. 우리나라에도 2018년 상반기 오픈 예정이다. 미국 지점 어디든 한국 손님이 있으며 특히 블루 보틀 오모테산도 점은 10명 중 5명이 한국 손님일 정도로 한국인에게 인기가 좋아 국내 오픈을 결정했다고. 커피계의 애플, 블루 보틀! 도쿄 매장에서 판매하는 상품은 미국 현지와 조금 상이하지만 메뉴와 맛은 거의 같다. 일본 느낌의 블루 보틀 커피를 경험하고 싶은 여행객이라면 들러보자.

하와이 와이키키가 본점인 에그 앤 띵스는 하와이 맛집, 괌 맛집으로 알려진 팬케이크 전문점이다. 팬케이크에 다양한 과일과 생크림을 듬뿍 얹어주는 것으로 유명한 에그 앤 띵스. 그 외에도 오믈렛이나 에그 베네딕트 등 아침 식사용 달걀 음식은 거의 다 메뉴에 있다. 호텔 조식을 포함하지 않았다면 이곳에서 아침을 먹으며 도쿄에서 느끼는 하와이 분위기를 만끽해보자.

PART
5

눈에 보이는 건
다 사고 싶은,
도쿄   쇼핑

> PART 5 / ESSAY

텅 빈 캐리어를
가득 채우게 만드는
쇼핑 천국

SHOPPING

● 도쿄 여행의 필수품을 하나 꼽으라면 단연 텅 빈 캐리어를 꼽겠다. 우리나라 보다 많게는 70% 이상 저렴하게 판매되는 두유스킨, 퍼펙트 휩 등 화장품은 물론 곤약 젤리, 인절미 과자 등 주전부리와 일본에서만 판매하는 소스, 초콜릿까지 눈에 보이는 건 다 사야 할 것들이다.

돈키호테에서 물건을 마구 사는 사람을 보다가 어느새 자신도 같은 모습을 하고 있음을 발견하게 된다. 오죽하면 한국어로 1인당 구매 개수 제한이라는 문구까지 쓰여있을까. 도쿄는 쇼핑을 할 수밖에 없는 도시다. 돈키호테로 대표되는 저렴한 숍에서 상품을 다수 구매하는 것은 물론 도쿄에서만 만날 수 있는 숍들도 많아 '다음에 사야지'라는 생각은 무리다.

게다가 무인양품 1호점이나 100년이 넘은 문구점이 여행객을 유혹한다. 전 세계 브랜드를 한 곳에서 만날 수 있다는 것도 매력적이다. 명품 라이선스를 구매해 저렴하게 판매하는 명품 손수건, 액세서리, 지갑류 역시 필수 구매 리스트에 올려야 한다. '텅장'이 되지 않기 위해 정신을 바짝 차리고 있어야 하는 도쿄 여행이지만, 사실 후회되는 쇼핑이란 없다.

라운지 바이 프랑프랑
(Lounge by Francfranc)

주소 3 Chome-1-3 Minamiaoyama, Minato, Tokyo
전화 03-5785-2111
영업시간 11:00-20:00
홈페이지 francfranc.com

도쿄 곳곳에 위치한 프랑프랑 매장보다 큰 가구나 인테리어 용품들이 많은 라운지 바이 프랑프랑. 소품 구경은 물론 커피를 마시며 시간을 보낼 수 있어 들러볼만 하다. 우리나라에서 유명세를 떨친 토끼 주걱이나 미키마우스 식기는 물론 국내에서는 접하기 힘든 그림이나 인테리어 소품 등 다양한 제품이 있어 유니크한 취향의 여행객이라면 꼭 방문해보자.

² 이토야
(ITOYA)

주소 2 Chome-7-15 Ginza, Chuo, Tokyo
전화 03-3561-8311
영업시간 월요일-토요일 10:00-20:00
          일요일-공휴일 10:00-19:00
홈페이지 ito-ya.co.jp

³ 츠타야 다이칸야마
(Tsutaya Daikanyama)

주소 17-5 Sarugakucho, Shibuya, Tokyo
전화 03-3770-2525
영업시간 07:00-02:00
홈페이지 tsutaya.tsite.jp

100년이라는 역사도 놀라운데 9층 건물 전부가 문구점이라는 사실은 더욱 놀랍다. 전통적인 디자인 제품은 물론 다양한 수입 제품, 이토야에서 직접 만든 제품을 한 곳에서 볼 수 있다. 현대적인 건물에 빨간 클립이 놓인 간판마저도 사랑스럽다. 수많은 종류의 종이와 펜, 문구류를 보다 보면 시간 가는 줄 모른다. 바로 옆에 있는 이토야 별관도 방문해보자. 문구류에 관심 있는 사람이라면 천국에 온 기분을 경험할 것이다.

츠타야 다이칸야마는 우리나라 언론에서도 대서특필할 만큼 굉장한 이슈가 되었던 곳이다. 서점 안에 스타벅스가 있다는 점이나 온라인 서점이 대세인 요즘 같은 실정에 대형 서점이 새로 오픈했다는 사실 때문이었다. 큐레이팅이 아주 잘 된 서적 배열은 물론 영화 DVD, 음반, 오래전 잡지까지 판매하고 있다. 서점 같기도 하고 도서관 같기도 한 이곳은 다양한 소품과 문구류까지 구비되어 있어 종합 쇼핑몰 같은 느낌이다. 2층은 일본의 전통적인 느낌이 물씬 풍기는 분위기로 꾸며 놓아 편하게 커피를 마시며 책을 읽거나 대화를 즐길 수 있다.

4 파운드 무지
(Found MUJI Aoyama)

주소 5 Chome-50-6 Jingumae, Shibuya, Tokyo
전화 03-3407-4666
영업시간 11:00-20:00
홈페이지 muji.net

5 슈프림
(Supreme)

주소 1-6 Daikanyamacho, Shibuya, Tokyo
전화 03-5456-0085
영업시간 11:00-20:00
휴일 연중무휴
홈페이지 supremenewyork.com

1983년 처음 문을 연 무인양품 1호점을 2003년 리노베이션 하며 파운드 무지라는 이름을 달아 상징성을 더했다. 일본에서 잊힌 문화를 되살리려는 노력을 보여주는 특별한 무인양품 매장이다. 공예가의 가치를 전승한 왕골 바구니, 유리병, 도자기 찻잔 등을 판매한다. 오직 파운드 무지에서만 만날 수 있는 제품이 가득하니 마음에 드는 것이 있다면 과감하게 구매하자.

전 세계에서 뉴욕, 브루클린, LA, 런던, 파리, 일본에만 매장이 있는 슈프림은 국내에 알려지며 높은 인기를 얻은 브랜드다. 루이비통, 구찌 등의 명품 브랜드와 협업할 뿐 아니라 한정판 제품은 정가의 10배가 넘는 가격에 거래될 정도로 인기가 많다. 도쿄에 있는 3곳의 매장 모두 줄을 서야 들어갈 수 있을 정도. 막상 들어가면 생각보다 물건이 많지 않다고 느낄 수 있지만, 나가는 사람마다 손에 쇼핑백을 가득 들고 있는 걸 보면 사고 싶은 물건으로만 꽉 채웠다는 사실을 알 수 있다.

6 나이키 랩 MA5
(NikeLab MA5)

주소 5-12-24 Minamiaoyama, Minato, Tokyo
전화 03-6427-2560
영업시간 11:00-20:00
홈페이지 http://www.nike.co.kr

나이키의 프리미엄 브랜드인 나이키 랩은 미국, 홍콩, 런던 등 전 세계에 12개 매장만 운영한다. 각각의 매장은 뜻을 알 수 없는 각기 다른 이름으로 불린다. 2016년 우리나라에도 브랜드는 론칭했지만, 매장이 있는 것은 아니다. 도쿄의 나이키 랩 MA5는 한국에서 구하기 어려운 제품이나 온라인에서 품절된 제품을 구할 수 있어 나이키 팬이라면 꼭 들르는 곳이다. 나이키 팬이 아니더라도 다양한 브랜드와 콜라보한 제품, 다른 데서 볼 수 없는 디자인 제품 등에 충분한 흥미를 느낄 수 있다. 영어를 잘하는 직원이 많아 일본어를 몰라도 소통할 수 있으며 한국어가 가능한 직원도 상주한다.

7 긴자 식스
(Ginza Six)

주소 6 Chome-10-1 Ginza, Chuo, Tokyo
전화 03-6891-3390
영업시간 10:30-20:30
홈페이지 https://ginza6.tokyo/

지상 13층, 지하 6층으로 구성된 긴자 식스는 2017년 4월 20일 오픈한 초대형 복합 쇼핑몰로 오픈 전부터 엄청난 관심을 받던 장소이다. 세련된 겉모습은 물론 전 세계 모든 브랜드를 모아 놓은 듯 없는 브랜드가 없다는 것이 강점. 쿠사마 야요이의 작품을 감상할 수 있고, 츠타야 역시 독특한 콘셉트로 입점해 있어 긴자의 새로운 명물로 급부상하고 있다.

MONTH 1 2 3 4 5 6 7 8 9 10 11 12

DATE												
PLACE												

	S	M	T

W	T	F	S

MONTH 1 2 3 4 5 6 7 8 9 10 11 12

DATE												
PLACE												

	S	M	T

W	T	F	S

기다리는 것은 아무렇지 않다.
그 이상 가치 있는 일을 발견할 수 없으니까.

- 영화 <도쿄 타워> 중

☀ ⛅ ☁ 🌧 ❄

DATE _____

Today's Plan

Expenses Record		card ■ cash □
	□	□
	□	□
	□	□
	□	□
	□	□
	□	□
	□	□

☀ ⛅ ☁ 🌧 ❄

DATE _____

Today's Plan

Expenses Record		card ■ cash ☐
	☐	☐
	☐	☐
	☐	☐
	☐	☐
	☐	☐
	☐	☐
	☐	☐

DATE

Today's Plan

Expenses Record		card ■ cash ☐
	☐	☐
	☐	☐
	☐	☐
	☐	☐
	☐	☐
	☐	☐
	☐	☐

DATE _____

Today's Plan

Expenses Record		card ■ cash ☐
	☐	☐
	☐	☐
	☐	☐
	☐	☐
	☐	☐
	☐	☐
	☐	☐

DATE _____

Today's Plan

Expenses Record		card ■ cash ☐
	☐	☐
	☐	☐
	☐	☐
	☐	☐
	☐	☐
	☐	☐
	☐	☐

DATE _____

Today's Plan

Expenses Record		card ■ cash ☐
	☐	☐
	☐	☐
	☐	☐
	☐	☐
	☐	☐
	☐	☐
	☐	☐

DATE _____

Today's Plan

Expenses Record		card ■ cash ☐
	☐	☐
	☐	☐
	☐	☐
	☐	☐
	☐	☐
	☐	☐
	☐	☐

DATE _____

Today's Plan

Expenses Record			card ■ cash ☐
	☐		☐
	☐		☐
	☐		☐
	☐		☐
	☐		☐
	☐		☐
	☐		☐

DATE _____

Today's Plan

Expenses Record		card ■ cash ☐
	☐	☐
	☐	☐
	☐	☐
	☐	☐
	☐	☐
	☐	☐
	☐	☐

DATE _____

Today's Plan

Expenses Record		card ■ cash ☐
	☐	☐
	☐	☐
	☐	☐
	☐	☐
	☐	☐
	☐	☐
	☐	☐

DATE _____

Today's Plan

Expenses Record		card ■ cash ☐
	☐	☐
	☐	☐
	☐	☐
	☐	☐
	☐	☐
	☐	☐
	☐	☐

DATE _____

Today's Plan

Expenses Record		card ■ cash □
	□	□
	□	□
	□	□
	□	□
	□	□
	□	□
	□	□

DATE _____

Today's Plan

Expenses Record		card ■ cash ☐
	☐	☐
	☐	☐
	☐	☐
	☐	☐
	☐	☐
	☐	☐
	☐	☐

DATE _____

Today's Plan

Expenses Record		card ■ cash □
	□	□
	□	□
	□	□
	□	□
	□	□
	□	□
	□	□

DATE _____

Today's Plan

Expenses Record		card ■ cash ☐
	☐	☐
	☐	☐
	☐	☐
	☐	☐
	☐	☐
	☐	☐
	☐	☐

DATE _____

Today's Plan

Expenses Record		card ■ cash ☐
	☐	☐
	☐	☐
	☐	☐
	☐	☐
	☐	☐
	☐	☐
	☐	☐

DATE _____

Today's Plan

Expenses Record		card ■ cash ☐
	☐	☐
	☐	☐
	☐	☐
	☐	☐
	☐	☐
	☐	☐
	☐	☐

DATE _____

Today's Plan

Expenses Record		card ■ cash ☐
	☐	☐
	☐	☐
	☐	☐
	☐	☐
	☐	☐
	☐	☐
	☐	☐

DATE _____

Today's Plan

Expenses Record		card ■ cash ☐
	☐	☐
	☐	☐
	☐	☐
	☐	☐
	☐	☐
	☐	☐
	☐	☐

DATE _____

Today's Plan

Expenses Record		card ■ cash □
	□	□
	□	□
	□	□
	□	□
	□	□
	□	□
	□	□

DATE _____

Today's Plan

Expenses Record		card ■ cash ☐
	☐	☐
	☐	☐
	☐	☐
	☐	☐
	☐	☐
	☐	☐
	☐	☐

DATE _____

Today's Plan

Expenses Record		card ■ cash ☐
	☐	☐
	☐	☐
	☐	☐
	☐	☐
	☐	☐
	☐	☐
	☐	☐

DATE _____

Today's Plan

Expenses Record		card ■ cash ☐
	☐	☐
	☐	☐
	☐	☐
	☐	☐
	☐	☐
	☐	☐
	☐	☐

DATE _____

Today's Plan

Expenses Record		card ■ cash ☐
	☐	☐
	☐	☐
	☐	☐
	☐	☐
	☐	☐
	☐	☐
	☐	☐

DATE _____

Today's Plan

Expenses Record		card ■ cash ☐
	☐	☐
	☐	☐
	☐	☐
	☐	☐
	☐	☐
	☐	☐
	☐	☐

DATE _____

Today's Plan

Expenses Record		card ■ cash ☐
	☐	☐
	☐	☐
	☐	☐
	☐	☐
	☐	☐
	☐	☐
	☐	☐

DATE _____

Today's Plan

Expenses Record		card ■ cash ☐
	☐	☐
	☐	☐
	☐	☐
	☐	☐
	☐	☐
	☐	☐
	☐	☐

DATE _____

Today's Plan

Expenses Record		card ■ cash ☐
	☐	☐
	☐	☐
	☐	☐
	☐	☐
	☐	☐
	☐	☐
	☐	☐

DATE _____

Today's Plan

Expenses Record		card ■ cash ☐
	☐	☐
	☐	☐
	☐	☐
	☐	☐
	☐	☐
	☐	☐
	☐	☐

DATE _____

Today's Plan

Expenses Record		card ■ cash ☐
	☐	☐
	☐	☐
	☐	☐
	☐	☐
	☐	☐
	☐	☐
	☐	☐

나와요! 지금 안 나오면 평생 못 나와요.
- 영화 <도쿄!> 중

'오쇼'는 환하게 밝힌 불빛 아래 활기에 차 있고
많은 손님들이 식사하고 있었다.
유리창 너머로 그런 모습을 보면 기분이 좋아진다.
- 요시모토 바나나, <안녕, 시모키타자와> 중

호텔 용어

정보제공: 호텔패스(www.hotelpass.com)

레이트 체크아웃 Late Check-out	일반적으로 호텔에서 규정하는 체크아웃 시간보다 늦게 체크아웃하는 것을 의미한다.
어메니티 Amenity	호텔에서 투숙객의 편의를 위해 객실에 무료로 준비해 놓은 각종 소모품 또는 서비스 용품. 일반적으로 욕실용품과 물 등이다.
엑스트라 차지 Extra Charge	추가 비용을 의미. 인원 추가, 조식 추가, 베드 추가 등의 상황에서 사용된다.
올 인클루시브 All Inclusive	호텔 숙박비 내에 미니 바를 포함한 모든 음식, 선택관광 서비스 요금이 포함되어 있는 형태를 말한다.
얼리 체크인 Early Check-in	기존의 호텔 체크인 시간보다 이른 시간에 체크인하는 것을 의미한다. 추가 비용이 발생하는 경우도 있다.
컨시어지 Concierge	비서처럼 개인적이고 개별적인 고객 서비스를 총괄 담당하는 관리인. 호텔 이용, 주변 교통 편이나 관광에 대한 설명과 레스토랑 추천 등 고객의 편의를 도와준다.

여행자를 위한 영어회화 _ 호텔편

예약하셨나요? Did you make a reservation?	지금 체크인할 수 있나요? Can I check in now?
체크인 시간은 몇시죠? What time is check-in?	체크인하고 싶습니다. I'd like to check in.
일찍 체크인 할 수 있나요? Can I check in early?	체크인은 어디서 합니까? Where do I check in?
어느 분 앞으로 예약되어 있습니까? Whose name is the reservation under?	제 이름으로 예약했습니다. It's in my name.
해변 쪽 방으로 주세요. I'd like a room with a seaside view, please.	짐을 방까지 가져다 주시겠어요? Could you bring my luggage up to the room?
제 짐을 올려주실 수 있으세요? Can you move up my baggage?	수건을 더 주시겠어요? Could I have more towels?
저녁까지 제 짐을 보관해 주실 수 있어요? Could you keep my luggage until this evening?	공항 가는 버스는 어디서 타요? Where do I board the bus going to the airport?

도쿄의 축제

도쿄의 연중 축제

도쿄에서는 한 달에 최소 10가지 이상의 축제가 열린다. 겨울에는 일루미네이션 축제, 봄에는 벚꽃 축제, 여름에는 여름 축제 등 계절에 따라, 취향에 따라 즐길 수 있는 축제도 다양하다. 그러니 도쿄 여행 계획에 축제를 즐기는 시간도 넣어보자. 자세한 축제 내용과 날짜는 홈페이지에서 확인할 수 있다.

www.gotokyo.org/eventlist/ko/list

대표적인 축제

계절	일시 및 장소
봄 (3-4월)	봄이면 도쿄 곳곳에서 벚꽃 축제가 열린다. 그중에서도 미드타운 블러섬, 에도 시대부터 벚꽃 명소로 알려진 스미다 공원 벚꽃 축제, 우에노 공원에서 열리는 벚꽃 축제는 특히 볼거리가 다양하다. 이노카시라 공원에 돗자리를 깔고 피크닉을 즐기는 것도 봄의 도쿄를 만끽할 수 있는 방법이다.
여름 (7-8월)	7월 하순에 열리는 스미다가와 강 불꽃놀이와 일본 최대의 나팔꽃 시장을 볼 수 있는 이리야 나팔꽃 축제는 여름의 도쿄에서만 경험할 수 있는 특별한 볼거리다. 도쿄에서 가장 오래된 절인 센소지에서 열리는 꽈리 시장도 놓치면 아쉽다.
가을 (9-10월)	가을에는 3대 마츠리로 불리는 네스신사 정례 대제가 열리고, 세계 최대 여행 축제 중 하나인 투어리즘 엑스포 재팬도 열린다. 이케부쿠로역 서쪽 출구에 있는 4개 상점회가 중심이 돼 1968년부터 개최해 온 후쿠로 축제도 빼놓을 수 없다. 특히 '신여가마 축제'라는 명칭으로 신여가마 퍼레이드, 북 쇼, 사자 춤, 축제음악, 오키나와 에이사 쇼 등은 챙겨보길 권한다.
겨울 (11월-2월)	겨울 도쿄를 찾는다면 빛나는 일루미네이션을 도시 곳곳에서 만날 수 있다. 특히 단풍과 다이묘 정원의 라이트업, 크리스마스 장식을 동시에 볼 수 있는 리쿠기엔의 일루미네이션이 일품이다. 10월 말에서 11월 말에는 도쿄 라면 쇼, 도쿄 명물, 간다 고서 축제 등도 열린다.

CONTACT LIST
주요 연락처

- 주 일본 대한민국 대사관 영사과 -
1 Chome-7-32 Minamiazabu Minato-ku, Tokyo-to 106-0047
☎ (81-3)3455-2601~3 📠 (81-3)3455-2018
이메일 consular_jp@mofa.go.kr

업무시간
여권, 가족관계등록, 국민등록, 영사확인 접수 : 09:00~16:00
비자접수 : 09:00~11:30 / 비자교부 : 14:00~16:00
※ 토, 일요일 및 일본 공휴일, 우리나라 국경일(3.1절, 광복절, 개천절, 한글날) 휴무

PERSONAL CONTACT LIST
개인 비상 연락망

Coupon
두근두근 여행 다이어리 북 시리즈에서 준비한 특별 여행선물

1. 두타인터넷면세점 30,000원 적립금

- 적립금 코드 7SOI1VRVWK
- 유효 기간 다운로드 일로부터 3개월까지

<사용방법>
① 두타인터넷면세점 로그인(www.dootadutyfree.com) * 비회원의 경우 신규가입 필요
② 마이페이지 > 적립금 클릭   ③ "적립금 등록하기" 란에 "적립금 코드 10자리" 입력

2. 두타면세점 10,000원 할인권 ($50 이상 결제 시 즉시 할인)

- 사용처 동대문 본점
- 인당 1회 사용 가능

5116000000003645

YOLO PROJECT
두근두근 여행 다이어리 북
×

DOOTA DUTY FREE

3. 두타면세점 30,000원 할인권 ($100 이상 결제 시 즉시 할인)

- 사용처 동대문 본점
- 인당 1회 사용 가능

5116000000003646

4. 두타몰 F&B 3,000원 바우처 교환권

- 교환 장소 두타몰 4F 멤버십 데스크
- 1인 1회 교환 가능
- 바우처 교환 후 두타몰 F&B(식음) 매장에서 사용하실 수 있습니다.
- 두타몰 4F 멤버십 데스크 교환 시간 AM10:30~PM9:00(월~일)

5. 두타몰 멤버십 가입 시 최대 5,000 포인트

- 대상 두타몰 멤버십 신규가입 고객
- 혜택 신규 가입 즉시 최대 5,000포인트 지급

YOLO PROJECT
두근두근 여행 다이어리 북
×
1등 글로벌 호텔예약

HOTELPASS.com

해외 호텔 7% 할인 or 일본 1박 700¥ 할인

- 쿠폰 번호 YPPASS77   쿠폰 등록 기간 2020년 12월 31일까지
- 쿠폰 사용 기간 홈페이지 등록 후 발급일로부터 1년

<사용방법>
① 호텔패스 로그인 > 마이 페이지 > 쿠폰 조회 > 쿠폰 등록 > 쿠폰 발급 완료

<사용 안내>
- 본 적립금은 기간 내 ID 당 1회 발급 가능합니다.
- 본 적립금은 결제금액의 최대 30%까지 사용 가능합니다.
- 본 적립금은 당사 사정에 따라 변경, 조기 종료될 수 있습니다.
- 브랜드별 적립금 사용률은 상이할 수 있으며,
  일부 브랜드의 경우 적립금 사용이 제한될 수 있습니다.

<사용 안내>
- 본 할인권은 동대문 본점에서 1인 1회 사용 가능합니다.
- 본 할인권은 일부 브랜드 및 30% 이상 할인 제품은 제외될 수 있습니다.
- 본 할인권은 내국인(한국인) 전용으로 타 할인 쿠폰과 중복 할인되지 않습니다.
- 본 할인권의 사용 잔액은 환불되지 않으며 반품 시 재발급되지 않습니다.
- 본 할인권은 당사 사정에 따라 사용이 제한, 변경될 수 있습니다.
- 본 할인권은 당사 사정에 따라 변경, 조기 종료될 수 있습니다.

주소 서울특별시 중구 장충단로 275 두산타워 7F~13F
영업시간 AM10:30~PM11:00(연중 무휴) 대표 번호 1833-8800
홈페이지 www.dootadutyfree.com

<사용 안내>
- 본 할인권은 동대문 본점에서 1인 1회 사용 가능합니다.
- 본 할인권은 일부 브랜드 및 30% 이상 할인 제품은 제외될 수 있습니다.
- 본 할인권은 내국인(한국인) 전용으로 타 할인 쿠폰과 중복 할인되지 않습니다.
- 본 할인권의 사용 잔액은 환불되지 않으며 반품 시 재발급되지 않습니다.
- 본 할인권은 당사 사정에 따라 사용이 제한, 변경될 수 있습니다.
- 본 할인권은 당사 사정에 따라 변경, 조기 종료될 수 있습니다.

주소 서울특별시 중구 장충단로 275 두산타워 7F~13F
영업시간 AM10:30~PM11:00(연중 무휴) 대표 번호 1833-8800
홈페이지 www.dootadutyfree.com

<사용 안내>
- 교환하신 바우처는 일부 식음 매장에서는 사용이 제한될 수 있습니다.
- 멤버십 회원을 대상으로 제공합니다(비회원의 경우, 신규 가입 필요).
- 본 교환권은 당사 사정에 따라 변경, 조기 종료될 수 있습니다.

두타몰 주소 서울특별시 중구 장충단로 275 두산타워 1F~6F
두타몰 영업시간 AM10:30~AM05:00(월~토), AM10:30~AM00:00(일)
대표 번호 02-3398-3115

<사용 안내>
- 신규 회원 가입 시 3,000 포인트는 즉시 사용 가능합니다,
  마케팅 활용 동의 2,000 포인트는 익일부터 사용 가능합니다.
- 결제 시 일부 매장 및 상품의 경우, 포인트 적립 및 사용이 제외될 수 있습니다.
- 본 멤버십 가입 혜택은 당사 사정에 따라 변경, 조기 종료될 수 있습니다.

두타몰 주소 서울특별시 중구 장충단로 275 두산타워 1F~6F
두타몰 영업시간 AM10:30~AM05:00(월~토), AM10:30~AM00:00(일)
대표 번호 02-3398-3115

<사용 시 유의사항>
- 일부 요금은 적용이 불가능할 수 있습니다.
- 다른 쿠폰과 중복 사용이 불가합니다.
- 호텔패스 포인트와 함께 사용하실 수 있습니다.

Coupon
두근두근 여행 다이어리 북 시리즈에서 준비한 특별 여행선물

YOLO PROJECT
두근두근 **여행 다이어리 북**

×

골드회원 가입 시
10% 추가 할인
다양한 골드회원 추가 혜택은 뒷면을 참고하세요!

<사용방법>
- Hertz 골드회원 가입 > Hertz 해외 예약센터 > 예약 > CDP(ASIA GOLD MEMBER) 등록 요청 > 10% 할인

<사용 시 유의사항>
- 본 CDP 번호의 할인은 사전 예약 시 적용되는 할인요금에 추가로 적용됩니다.
- 예약은 출국 24시간 이전까지 완료되어야 합니다.
  (아시아 지역은 48시간 이전)
- 일부 국가, 영업소, 차량에 대해 할인 적용이 제한될 수 있습니다.
- Hertz의 기본 임차 자격 및 이용규정과 지역별 임차 기간 및 반납 규정, 예약 요금제별 규정이 적용됩니다.
- 골드회원 가입 후 반드시 해외 예약센터를 통해 CDP 번호를 등록해야 합니다.

<Hertz 예약>
- 온라인 예약: www.hertz.co.kr
- 해외 예약센터: 1600-2288
  (영업시간: 월-금 09:00-18:00 / 주말 공휴일 휴무)

<Hertz Gold 회원 가입>
www.hertz.co.kr/rentacar/member/enrollment

★ 허츠 골드회원 혜택 ★

허츠 홈페이지를 통해 회원 가입을 하면, 허츠에서 제공하는 다양한 회원 혜택을 받을 수 있다.(회원 가입 무료)

① 골드회원 전용 할인 혜택
회원 등록 시 기입된 이메일을 통해 특별 할인정보를 제공한다. 또한 사이트 로그인 시, 비회원이 볼 수 없는 [회원전용] 프로모션 혜택도 받을 수 있으며 기본 프로모션 때도 비회원보다 높은 할인율을 제공받을 수 있다. 배우자 추가 운전자 등록 무료, 아동용 카시트 요금할인 혜택도 제공된다.

② 신속한 임차 서비스
임차 계약서 작성 등의 과정 없이 회원전용구역에서 바로 차량 픽업이 가능한 혜택이다. 예약시간에 맞춰 영업소에 방문하여 사무실 앞 전광판에서 본인 이름과 차량이 대기되어 있는 주차장 번호를 확인하면 완료. 전광판이 없는 영업소는 Gold Booth 또는 Gold Counter에서 수속하면 된다.

③ 골드 초이스
내가 예약한 차량 등급 내에서 선호하는 차량을 직접 선택할 수 있다. 미국 및 유럽의 주요 공항에서 서비스 이용이 가능하다.

④ 얼티메이트 초이스를 이용한 업그레이드 혜택!
하루 당 35$ 추가 요금으로 Premium Upgrade 구역에 있는 Hertz Collection의 최고급 차량(인피니티 Q50, 아우디 A3, 벤츠 CLA250)으로 업그레이드가 가능하다. Platinum 또는 President's Circle 회원은 25$로 이용 가능하며, President's Circle 회원은 Compact 차량 예약 시 Midsize로 무료 업그레이드 또한 가능하다. 현재 미국 주요 영업소에서 이용할 수 있으며, 점차 확대할 예정이다.
#개이득 #올해_론칭한_서비스!

⑤ 포인트 프로그램
전 세계 150여 나라, 9,700개의 영업소를 운영하고 있기 때문에 어디를 여행해도 허츠를 이용할 수 있다. 이때 회원 포인트를 적립하고, 적립된 포인트를 이용하여 무료 임차 서비스를 받을 수 있다. 단, 포인트 적립이 가능한 영업소여야 한다.

⑥ 회원 등급 프로그램 서비스
회원 등급이 높아지면 높아질수록 포인트 적립, 차량 업그레이드 등 다양한 혜택이 증가된다.

YOU ONLY LIVE ONCE
YOLO PROJECT!

여행을 완성하는 아주 특별한 방법,
21세기북스의
두근두근 여행 다이어리 북 시리즈

01. 홍콩

02. 뉴욕

03. 오사카&교토

04. 런던

05. 이탈리아

06. 호주

KI신서 7370

TOKYO
두근두근 **도쿄**

1판 1쇄 인쇄 2018년 3월 20일
1판 1쇄 발행 2018년 3월 27일

펴낸이 김영곤
펴낸곳 (주)북이십일 21세기북스

실용출판팀장 김수연
책임편집 이보람
진행 김유정
사진 김유정
디자인 elephantswimming
출판영업팀 이경희 권오권
출판마케팅팀 김홍선 최성환 배상현 신혜진 김선영 나은경
홍보팀 이혜연 최수아 김미임 박혜림 문소라 전효은 염진아 김선아
제휴팀장 류승은
제작팀장 이영민

출판등록 2000년 5월 6일 제406-2003-061호
주소 (10881) 경기도 파주시 회동길 201 (문발동)
대표전화 031-955-2100 **팩스** 031-955-2151 **이메일** book21@book21.co.kr

(주)북이십일 경계를 허무는 콘텐츠 리더
21세기북스 채널에서 도서 정보와 다양한 영상자료, 이벤트를 만나세요!
장강명, 요조가 진행하는 팟캐스트 말랑한 책수다 <책, 이게뭐라고>
페이스북 facebook.com/21cbooks   블로그 b.book21.com
인스타그램 instagram.com/21cbooks   홈페이지 www.book21.com

ⓒ 북이십일 21세기북스

ISBN 978-89-509-7417-6 13980

· 이 책 내용의 일부 또는 전부를 재사용하려면 반드시 (주)북이십일의 동의를 얻어야 합니다.
· 잘못 만들어진 책은 구입하신 서점에서 교환해드립니다.